Kritik der

DR. ORTRUN SCHULZ, geboren 1960 in Hannover. Magister Artium in Philosophie und Englischer Sprachwissenschaft 1986, Doktorgrad in Philosophie 1993. Redakteurin des *Schopenhauer-Jahrbuchs* von 1992 bis 2005. Private Forschung und diverse Publikationen.

In der vorliegenden Arbeit wird der Begriff der Hoffnung philosophisch geklärt. Da sich Hoffnung als ein vom Wunsch gespeistes Führwahrhalten zwischen Wissen und Nichtwissen bewegt, kann sie erkenntnistheoretisch als ein mehr oder weniger kognitiver Irrtum angesehen werden. Insofern Hoffnung das Risiko der Täuschung und Enttäuschung beinhaltet, stellt sich die Frage nach ihrer Vereinbarkeit mit intellektueller Redlichkeit innerhalb einer Ethik der Überzeugung und der Kommunikation. Durch Hoffnung wird der Mensch gelenkt und auch durch Fremdeinfluss manipulierbar. Es ist zu überlegen, ob und wann Hoffnung ein Segen oder ein Übel ist, und ob man sich davor schützen kann, ein Opfer von Hoffnung zu werden.

Ortrun Schulz

Kritik
der Hoffnung

Bibliografische Information der Deutschen Nationalbibliothek:
Die Deutsche Nationalbibliothek verzeichnet diese Publikation in der Deutschen Nationalbibliografie; detaillierte bibliografische Daten sind im Internet über http://dnb.dnb.de abrufbar.

© 2018 Ortrun Schulz

Herstellung und Verlag: BoD – Books on Demand, Norderstedt, Deutschland

ISBN 978-3-7528-1227-5

Wie du leichten Sinnes
hinbringen mögest das Leben,
Dass die Begierde dich nicht,
die ewig bedürftige, quäle,
Noch auch Furcht noch Hoffnung
auf wenig nützliche Dinge.

(Horaz (65 v. Chr. - 8 v. Chr.), *Epistulae*, I, 18,
97)[1]

Inhalt

Einleitung

Kürzlich strahlte die amerikanische Fernsehserie „Dr. Phil Show" den Fall eines Dating Scams aus, wo ein älterer vermögender Herr, Dennis, einer vermeintlich bildhübschen Amerikanerin namens Kimberly Escobar, die angeblich in Südafrika, der Türkei und Amsterdam mittellos gestrandet war, über einen Zeitraum von mehreren Monaten zwischen 2016 und 2017 an die 250000 Dollars per Western Union schickte. Es gab ein böses Erwachen für ihn, als sich herausstellte, dass das Foto einer anderen Person gestohlen war. Der betrogene Mann war ein Opfer seiner Hoffnung geworden. Eine ältere geschiedene Frau schickte mit Hilfe von Geld, das sie von Freunden und Verwandten lieh, sogar fast anderthalb Millionen Dollars zwischen den Jahren 2013 und 2015 an einen Scammer, der sich als Chris Olsen, einen umwerfend gut aussehenden Witwer, Italo-Amerikaner auf Geschäftsreise in Südafrika ausgegeben hatte. Viele dieser Dating Betrüger sind Nigerianer, die online oder sogar per Telefon eine falsche

Identität vorgeben und sich rührende Geschichten von mit Geldnot verbundenen Schicksalsschlägen ausdenken.

Auf demselben Prinzip beruhen die Methoden der Telefonmafia mancher Call Centers. Menschen werden angerufen und es wird behauptet, sie hätten zum Beispiel 39000 gewonnen und müssten zwecks Abwicklung der Transaktion 5000 an Bankgebühren vorstrecken. Fällt der Leichtgläubige darauf herein, erhält er einen weiteren Anruf und erfährt, dass es sich um einen Zahlendreher gehandelt und er tatsächlich sogar 93000 gewonnen hätte und daher nochmals eine große Summe im voraus begleichen müsste. Obwohl diese Masche inzwischen schon recht gut bekannt ist, fallen immer noch viele darauf herein.

In vielen Fällen durchschauen die Opfer der Hoffnung die Ausbeutung nicht. Ich traf einmal 1992 in Australien auf eine Rentnerin, die das Land bereiste und in Schlafsälen von Jugendherbergen übernachtete. Das tat sie einerseits um Geld zu sparen, da sie ihre Handelsreisen auf eigene Kosten unternahm, andererseits um so auf mehr potentielle Käufer zu treffen, da sie Diätprodukte einer Firma verkaufte. Triebfeder ihres Handelns war die Aussicht, bei überdurchschnittlicher Verkaufsleistung an der Auslosung für eine einwöchige Reise nach Singapur teilzunehmen.

Eigenes, bearbeitetes Foto

In dem verblüffend ehrlichen Programm dieses Unternehmens hieß es, es gäbe „only 2 types of people. 1. Non dreamers – people who have accepted to remain average! 2. Dreamers [...]." Dabei liegt scheinbar kein Selbstmissverständnis vor, da die Verleiteten sich ja als Träumer begreifen. Aber sie verschätzen sich in der Wahrscheinlichkeit der Erreichbarkeit des Gewinns und sie überschätzen ihre Fähigkeiten. Sie werden durch die Marketing Strategie eines derartigen „Mission Statement" dahingehend indoktriniert, Träumen für einen Wert zu halten, und sie halten es subjektiv für wahrscheinlicher als es objektiv ist, dass ihr Traum sich erfüllt. Dahinter steht die absichtliche Missachtung ethischer Richtlinien der Kommunikation seitens der Verantwortlichen. Es handelt sich um bewusste Manipulation anderer zu eigenen Zwecken. Verdeutlicht wird das in der bekannten Illustration der sogenannten „carrot on a stick motivation", wo ein Esel hinter der Karotte herläuft, die sein Treiber ihm an einem Stock von hinten vor das Maul hält. Die Belohnung bleibt immer gerade außer Reichweite, so dass das vermeintliche Versprechen in Wirklichkeit keines ist, sondern in der Spieltheorie auch geradewegs als „Lüge" bezeichnet wird.

Zeichnung von Rita und Ortrun Schulz

Beweggrund ist die bloße Hoffnung, die sich nicht erfüllt und trotzdem als Motor der Ausbeutung fungiert. Diese Motivationsstrategie ist keineswegs identisch mit der Methode von „Zuckerbrot und Peitsche", bei der Belohnung und Bestrafung tatsächlich eintreten.

Hoffnung hat eine interaktiv-ethische Komponente. Denn anderen Menschen gegenüber falsche oder unrealistische Hoffnungen zu erwecken und zu nähren, verletzt Verfahren ethischer Kommunikation. Zu seinem Wort zu stehen, Versprechen zu halten sind Handlungsweisen, die den Zweck involvieren, andere nicht zu enttäuschen. Die Betroffenen dürfen dann hoffen, dass der Versprechende sein Wort ihnen gegenüber halten wird, was eine wesentliche Vertrauensbasis in der Gemeinschaft ausmacht. Falsche Erwartungen in Aussicht zu stellen und unberechtigte oder mangelhaft begründete Hoffnungen anderer zu unterstützen geschieht oft aufgrund von Eigennutz, um sie den eigenen Interessen gemäß zu manipulieren. Dabei wird deren mögliche spätere Enttäuschung billigend in Kauf genommen, ihre psychische Verletzung also mit herbeigeführt. Wer Hoffnungen leichtfertig schürt, die nicht in Erfüllung gehen, schädigt den anderen, indem er am Verlustschmerz des Betroffenen Schuld trägt und Mitverursacher seines Leidens ist. Andere nicht täuschen zu sollen, fällt in das Gebiet einer Ethik der Kommunikation. Intellektuelle Redlichkeit gegenüber sich selbst hingegen gehört in eine Ethik der Überzeugung.

Hoffnung kann mehr oder weniger begründet sein, doch eben das sachlich zu beurteilen stellt die Schwierigkeit dar, da ein wesentlicher Begleitumstand der Hoffnung gerade das Nichtwissen ist, sozusagen die „Blindheit", wie eindrucksvoll ausgedrückt in dem symbolistischen Ölgemälde „Hope" des englischen Malers George Frederic Watts.

Es gibt mehrere Versionen des Bildes,
dies ist die erste von 1885. Ein
Mädchen mit Augenbinde sitzt auf

einem Globus und spielt auf einer Leier, auf der nur noch eine Saite vorhanden ist. Es zeigt eindrucksvoll, wie spärlich die Gründe sind.

Hoffnung ist das geglaubte Glücksversprechen des Lebens. Fast reflexartig klammert sich das Denken an das, was es erhebt, erfreut und erbaut. Das dem Menschen natürliche Streben nach Glück führt auf die problematischen Verhältnisse der Bedürfnisse zu ihren Befriedigungsmöglichkeiten. Diese Verhältnisse werden seelisch repräsentiert, und ihre Ausprägungen ergeben Zustände zwischen Sicherheit und Zweifel, Hoffnung und Verzweiflung. Aus der Mitte der Existenz gegriffen, vereinigt das Nachdenken über die Hoffnung Fragen nach Wahrheit und Irrtum, Wunsch und Wahrscheinlichkeit, Erwartung und Glaube.

1. Begriffsgeschichte

Begriffsgeschichtlich ging der heute im Deutschen gebrauchte Ausdruck „Hoffnung" in der griechischen *Antike* in einem umfassenderen, neutraleren auf, dem der deutsche Ausdruck „Erwartung" in etwa entspricht. Er bezeichnet allgemein den Zukunftsbezug des Einzelnen, wobei dieser noch nicht näher spezifiziert ist.

Skeptische oder negative Anklänge gegenüber der Erwartung finden sich bei Pindar (522 oder 518 v. Chr. - 446 v. Chr.) und Hesiod (geb. vor 700 v. Chr.). Als Grundlage dieser Einschätzung gilt weniger der Wirklichkeitsbezug oder die objektive Wahrscheinlichkeit, sondern die subjektive Selbstbefangenheit des Einzelnen. Pindar spricht von „neidischen und unverschämten Erwartungen der Sterblichen", die nur egoistisch geprägte Einbildungen wären. Hesiod erwähnt die „leere Hoffnung" oder eine optimistische Zukunftserwartung, für deren Herbeiführung der Einsatz fehlt und die sich dann als Illusion erweisen muss. Die Ambivalenz, ob die Hoffnung zu den Übeln oder zu den Gütern zu

zählen sei, spiegelt sich paradigmatisch wider in den verschiedenen Fas-
sungen der *Pandora-Sage*. Hesiods
Darstellung zufolge sendet Zeus Pando-
ra mit einer mit *Übeln* gefüllten Büchse
auf die Erde, aus der alle entweichen
bis auf eine: die Hoffnung.
Schopenhauer erwähnt, dass demge-
genüber die Büchse in einem Text von
Babrios (spätes 1. Jh. oder 2. Jh. n.
Chr.) *Güter* enthält, von denen sich alle
verstreuen, nachdem Epimetheus sie
voreilig öffnete und einzig die Hoffnung
den Menschen zum Trost bleibt.[4]

Die Unsicherheit der Zukunft und
die Zufälligkeit des Geschehens in
Bezug auf die menschlichen Wünsche
und Schicksale bringen eine eher abra-
tende Einstellung gegenüber der Hoffnung hervor, wie sie hauptsächlich bei
den Tragikern (Aischylos (525 v. Chr. -
456 v. Chr.), Sophokles (497/496 v.
Chr. - 406/405 v. Chr.) und in der Stoa
zu finden war.

Im Gegensatz dazu gab es jedoch
das Zugeständnis einer rationalen
Berechtigung der Hoffnung. Eine begründete Vermutung wird in der Zeit
von Herodot (490/480 v. Chr. - um 424
v. Chr.)) und Thukydides (vor 454 v.

Chr. zwischen 399 v. Chr. u. 396 v. Chr.) als durchaus legitim angesehen. Demokrit (460/459 v. Chr. – ca. 371 v. Chr.) unterscheidet in diesem Sinn zwischen der „zutreffenden Voraussicht der richtig Denkenden und den unmöglichen Erwartungen der Einsichtslosen."

Eine Wahrscheinlichkeitsprognose ist aber noch nicht notwendigerweise eine Erwartung über einen positiven Ausgang, wie es charakteristisch für die Hoffnung ist. Diese Bedeutung, das „vom subjektiven Interesse geleitete Vertrauen auf positive zukünftige Möglichkeiten", ist erstmals bei Sophokles nachzuweisen.

Es sind also drei Hauptzüge der Bedeutung von Erwartung in der archaischen und klassischen Zeit der Antike auszumachen:
1. Illusionäre Annahme
2. Rationale Voraussicht
3. Existentielle Zuversicht.[5]

Platon (428/427 v. Chr. - 348/347 v. Chr.) nennt Hoffnung, Verlangen und Vorfreude Vorgriffe der Seele auf Zukünftiges, wobei er differenziert zwischen guten und bösen, wahren

21

und falschen Erwartungen. Dabei unterhält er einen die Sinnenwelt transzendierenden Hoffnungsbegriff. Es handelt sich um die Hoffnung der Seele, erst in der Ideenwelt zu ihrer Eigentlichkeit zu gelangen in der Schau des Wahren, Schönen und Guten, welcher Gedanke auch in der hellenistischen und spätantiken Religion enthalten ist.

Aristoteles (384 v. Chr. - 322 v. Chr.) hebt das rationale Moment der Erwartung hervor, wobei er von einer „Wissenschaft der Voraussicht", der Prognostik, spricht. Wie die Furcht, ist für ihn auch die Hoffnung ein Affekt; die Furcht charakterisiert er als „gedrücktes", die Hoffnung als ein „gehobenes Gestimmtsein der Seele."[6]

Im *Alten Testament* der Bibel hat der Begriff der Erwartung eindeutig den Sinngehalt der Erwartung und Hoffnung auf die verheißene – gute – Zukunft. Im Unterschied zur griechischen rationalen Voraussicht im Sinne einer Extrapolation aus der Gegenwart und ihren Bedingungen, richtet sich die alttestamentarische Hoffnung – im gläubigen Vertrauen – über die Wirklichkeit hinaus in zu¬nehmend universalisierter Heilserwartung auf Endzeit, Heilskönig und Reich Gottes. Lebensklugheit rät dabei jedoch, das „Haschen nach dem Wind" (Koheleth) zu vermeiden.

Die *christliche* Hoffnung wird in der Definition von Paulus in Abhebung zur griechischen Prognostik und jüdischen Hoffnung auf das Kommen des Messias bestimmt als „Vertrauen auf Gott, der die Toten lebendig macht".

Für Augustinus (395 – 430 n. Chr.) bedeutet *„spes"* weder eine unsichere Erwartung, noch die Hoffnung auf ein zukünftiges irdisches Gut, sondern die Hoffnung auf ein transzendentes Gut. Der Gegenstand der christlichen Hoffnung wird ins Jenseits verlagert. Die Hoffnung rechnet Augustinus zusammen mit Glaube und Liebe zu den christlichen Kardinaltugenden oder sogar Geboten. Glaube, Liebe und Hoffnung wurden personifiziert als Töchter der heiligen Sophia, Personifikation der Weisheit. Darstellungen von Fides, Caritas und Spes als dreier heiliger Frauen wurden schon vor dem 6. Jahrhundert im Westen bekannt und waren vor allem in Frankreich und Luxemburg verbreitet, aber auch im Rheinland.[7]

St. Sophia mit ihren 3 Töchtern, Statue um 1870, fürstliche Hauskapelle auf Schloss Löwenstein, Kleinheubach[8]

Der Diffamierung des Zweifels und der Verzweiflung entspricht als Kehrseite die explizite oder implizite Pflicht zum Glücklichsein. Wer unzufrieden ist, darf als gottlos gelten. So zählt die Trauer (*tristitia*) im Mittelalter zu den Todsünden, wie bereits bei Johannes Chrysostomos (349 oder 344 - 407) die Verzweiflung, die bei vielen christlichen Theoretikern, besonders hervorgehoben später bei Kierkegaard in *Die Krankheit zum Tode* (1849), Sünde ist wie der Zweifel und die Vermessenheit. Verzweiflung gilt demnach als die „eigenmächtige Vorwegnahme der Nichterfüllung des von Gott Erhofften."

Der Hoffensakt (*spes qua)* wird im *christlichen Mittelalter* unterschieden vom Hoffensziel (*spes quae*). Bei dem ersteren handelt es sich um einen „in verschiedenen Graden der Intensität und Gewissheit" vorkommenden „Affekt der mit Lustgefühlen besetzten Erwartung künftiger Wirklichkeit."[9] Thomas von Aquin (ca. 1225 - 1274) charakterisiert die Hoffnung als eine „Bewegung der Strebekraft", die auf ein mögliches zukünftiges Gut geht.[10]

26

Der Reformator Martin Luther (1483 - 1546) stellt scharf den Gegensatz heraus zwischen der allgemein menschlichen Hoffnung, die sich an den Gegebenheiten orientiert, und der spezifisch christlichen, die aus dem Glauben des Einzelnen erwächst. Apokalyptische Gedanken spielen bei ihm eine geringe Rolle, laufen aber in der geschichtlichen Entwicklung parallel weiter in verschiedenen geistigen Strömungen.

Im *neuzeitlichen Denken* des 17. und 18. Jahrhunderts wird die Hoffnung, in Gegenüberstellung zur Furcht, innerhalb der Affekten- und Staatslehren thematisiert, so vor allem bei Hobbes, Descartes und Spinoza.

Bei Hobbes (1588 - 1679) findet sich im *Leviathan* ein Hinweis darauf, dass die Menschen durch Hoffnung und Furcht manipulierbar sind. Jede definiert er als Leidenschaft (lat. *passio*) in der Bedeutung von Widerfahrnis. Sofern der Verstand dabei nur Eindrücke rezipiert, bleibt er „leidend", in der Bedeutung von passiv.

Descartes (1596 - 1650) vertritt den Standpunkt der Freiheit des Willens und unbeschränkter Macht des Geistes über die Affekte. Affekte oder Leidenschaften wie die Hoffnung können als Irrtümer angesehen werden, denn Fehlurteile kommen zustande, indem sich der Wille als Affirmationsvermögen weiter erstreckt als das, was der Verstand klar und deutlich einsieht.

Spinoza (1632 - 1677) spürt als das Grundprinzip und den Ursprung aller Affekte das Streben nach Selbsterhaltung auf. Und der Mensch strebt insbesondere danach, sich Angenehmes vorzustellen, und zwar als wirklich existent.[11] Hoffnung wird hier von ihm zunächst als eine an sich freudige Leidenschaft bestimmt. Sie enthält ein Element der Lust oder Freude bzw. Vorfreude, die in Verbindung mit einem in Gedanken vorweg genommenen erfreulichen Zustand steht. Freude stellt sich ein beim Übergang zu größerer Vollkommenheit, d.h. Wirkungskraft. Hoffnung stellt die Erfüllung als wahrscheinlich wahr werdende vor. Ob eine Sache unserem Interesse gemäß ausgehen wird wissen wir nicht, hoffen es aber. Wir hegen dabei Zweifel, und diese können quälend sein und der Vorfreude Abbruch tun. Erlangen wir endlich Gewissheit über die Erfüllung unserer Hoffnung, so verschwinden mit dem Zweifel auch Kummer und Sorge und die vorher „unbeständige Freude" verwandelt sich in „Sicherheit".

In der Ungewissheit über den Ausgang, beim Schwanken des Abwägens der Wahrscheinlichkeiten wechseln sich die Affekte von Freude und Trauer ab. Aufgrund dieser unangenehmen Gemütsschwankungen fasst Spinoza Hoffnung und Furcht auch als Zustände der „Unlust" auf. Beide könnten darum „nicht an sich gut" sein.[12] Die Hoffnung steht auch bei ihm in einem näher zu bestimmenden Verhältnis zur Furcht, die eine Vermischung drohender Verzweiflung mit einer ungewissen Möglichkeit der Rettung darstellt. Zwischen beiden besteht eine inverse Relation. Beispielsweise entspricht der Furcht vor Krankheit die Hoffnung auf Gesundheit und umgekehrt.[13] Aus Furcht und Hoffnung entspringt das Streben nach Sicherheit, welches der Grund der Staatsbildung ist. Die Grundlage von Frieden ist Eintracht der Gesinnung und wird eher durchstimmt von Hoff-

nung. Die Hoffnung hat eine Vorrang-
stellung inne, denn sie ist der natürliche, sich ungezwungen und spontan
einstellende Affekt. Ursache dafür ist,
dass das Selbsterhaltungsstreben selektiv wirkt und gewöhnlich hoffnungs-
volle Vorstellungen gegenüber furchter-
regenden vorzieht. So ist positives Denken nicht die Ausnahme, sondern die
Norm. Von Natur aus seien wir so be-
schaffen, „dass wir leicht glauben, was
wir hoffen, aber schwer glauben, was
wir fürchten, und von beiden mehr
oder weniger halten, als recht ist."[14]
Dementsprechend behauptet Spinoza,
dass ein „freies Volk" eher von der
Hoffnung als von der Furcht geleitet
würde. Aber beide, Hoffnung und
Furcht seien unverzichtbar, „denn
schrecklich ist die Menge, sobald sie
nicht fürchtet."[15] Der je einzelne *freie*
Mensch allerdings stünde *jenseits von
Furcht und Hoffnung.*

David Hume (1711 – 1776)
diskutiert im Zweiten Buch seines
1739/40 anonym erschienenen
Treatise of Human Nature die Affekte,
darunter auch Kummer und Freude,
Hoffnung und Furcht. Er stellt die

These auf, dass die „Vernunft nur Sklavin der Leidenschaften" ist.

Spätere Erörterungen der Hoffnung sind eigentlich bloße Variationen der bisherigen Definitionen und Bewertungen, manchmal mit Konkretisierungen von bestimmten Gegenständen der Hoffnung, d.h. Glaubensinhalten. Daher behandle ich sie nicht mehr in diesem Kapitel, sondern lasse sie in die folgenden einfließen.

2. Der Affekt Hoffnung

Hoffnung wurde bereits im siebzehnten Jahrhundert eingehend von Spinoza in seiner Affektenlehre beschrieben. Darauf fußend, ist für Gabriel Marcel (1889 - 1973) Hoffnung der kognitive Primäraffekt menschlicher Existenz.[16] Ähnlich bezeichnet Ernst Bloch (1885 - 1977) die Hoffnung als „menschlichste aller Gemütsbewegungen", das affektive Grundverhältnis des Menschen. Hoffnung ist für ihn „Prinzip" wie zugleich ein „Selbstaffekt", der die „Selbsterweiterung nach vorwärts" in ein utopisches Sein intendiert.[17]

Schopenhauer (1788 - 1860), der große Pessimist und Metaphysiker des blinden Willens, begründete eigentlich seine gesamte Philosophie auf einer Kritik der Hoffnung. Deshalb enthält die vorliegende Arbeit zahlreiche Bezüge auf ihn. Auch er greift in seinen Ausführungen zur Hoffnung auf die Tradition und bezüglich der Affektenlehre besonders auf Spinoza zurück.

Jede sehr heftige Freude, führt Schopenhauer aus, ist mit Bitterkeit vermengt, denn sie ist vergänglich und bindet den Menschen an das Schicksalsrad. Wem Fortuna einmal wohlgesonnen ist, den kann sie im nächsten Augenblick zerschmettern. Trauer ist der Affekt, dem ein Verlust zugrunde liegt. Enttäuschung ist der Affekt, der sich einstellt beim Zusammenbruch einer Hoffnung. Zerschlagene Hoffnung schlägt mit psychischer Intensität zurück. Je größer die voraufgehende Hoffnung war, desto größer ist der Affekt kummervoller Erregung und das Gefühl plötzlicher schwindelnder Leere bei ihrer Auflösung. Der Terminus „Enttäuschung" verrät bereits seine Bedeutung: Ent-Täuschung. Täuschung und falscher Schein sind gefallen; die Vorstellung wurde korrigiert.

Hoffnung kann illosorisch sein, weil sie eine Zukunftsdimension aufweist und der Ausgang ungewiss ist. Wenn sie im voraus etwas als wahr vorstellt, was zu gegebener Zeit sich als falsch erweist, d.h. nicht eintrifft, so impliziert Hoffnung eine inadäquate Idee. Diese falsche oder der Wahrheit nicht voll genügende Idee bildet den Risikofaktor der Hoffnung. Der Hoffende lebt riskant. Vielleicht aber ist nur das riskante Leben wirkliches Leben, und der nicht mehr hofft, lebt eigentlich nicht mehr.

Tiere sind weniger von den Leiden der Ungewissheit betroffen, die mit der Hoffnung einhergehen und verfügen dadurch über „augenscheinliche Gemütsruhe", da sie in der Gegenwart aufgehen. Aber ihr Leben ist dadurch auch ärmer an Freude.[18] Der Mensch aber hat die „Freuden der Hoffnung und Antizipation nicht unentgeltlich": „Was nämlich einer durch das Hoffen und Erwarten einer Befriedigung zum voraus genießt, geht nachher, als vom wirklichen Genuss derselben vorweggenommen, von diesem ab, indem die Sache selbst dann um so weniger befriedigt."[19]

2.1. Korrupter Verstand und Narrheit des Herzens

> Die *Hoffnung* läßt uns, was wir wünschen, die *Furcht*, was wir besorgen, als wahrscheinlich und nahe erblicken, und beide vergrößern ihren Gegenstand.[20]

Hoffnung ist Wunschdenken. Wunsch und Überzeugung fallen so zusammen, dass ersterer der einzige oder hauptsächliche Grund für letztere ist.

Sowohl der Affekt der Hoffnung wie derjenige der Furcht entbehrt der Sachlichkeit. Die Vernunft wird durch Hoffnung bestochen bzw. durch Furcht vernebelt.[21] Der Mensch ist ein „lügenhaftes Wesen", das sowohl sich selbst wie auch andere belügt und täuscht. Die Masken, Täuschungen und Irrtümer resultieren nach Ansicht Schopenhauers aus dem Einfluss des Willens auf den Intellekt. Für ihn gilt: „Logik ist praktisch unnütz: denn *falsche Schlüsse* sind eine große Seltenheit: *falsche Urtheile* aber das alltäglichste und gewöhnlichste: die lehrt keine Logik zu berichtigen."[22]

In der Psychologie hat mit Schopenhauer eine „kopernikanische Wende" im Menschenbild stattgefunden. Nachdem Kopernikus erkannt hatte, dass sich die Erde um die Sonne dreht, besann Kant sich auf die subjektiven Bedingungen der Konstitution von Erfahrung, und Schopenhauer kehrte das Herr-Knecht-Verhältnis von Wille und Intellekt im Seelenleben um: Nicht wollen wir, was wir erkannt haben, sondern wir erkennen, was wir wollen. Der Wille korrumpiert fast jeden Schritt des Intellekts.[23]

Schopenhauers Kritik der bestochenen Vernunft blickt auf eine lange Tradition zurück. Sie setzt Bacons Entthronung der Idole (*Novum Organum Scientiarum* 1620) fort, wie auch die Bemühungen von Descartes und Spinoza im 17. Jahrhundert, die Vorurteile zu dekonstruieren, Humes Primat der Leidenschaften sowie Kants Selbstkritik der Vernunft.

Die An- oder Aberkennung bestimmter Kompetenzen der Vernunft ist Kernpunkt eines weltanschaulichen Streits. Zunächst ist die Vernunft „korrupt, nämlich vom Interesse an eigner Wohlfahrt bestochen. „So wird denn täglich unser Intellekt durch die Gaukeleien der Neigung betört und bestochen."[24] Das Interesse, die Affekte, die Leidenschaften korrumpieren „fast jeden Schritt des Intellekts",[25] und unser Vorteil ist nur allzu oft ein Grund für unser Vorurteil.[26]

Das Zustandekommen von Fehlurteilen denkt Schopenhauer ähnlich wie zuvor Descartes. Der Ursprung des Irrtums lag bei Descartes im Missbrauch des Affirmationsvermögens. Das passiert, wenn der Mensch Urteile fällt über etwas, das er nicht klar und deutlich erkennt. Die cartesische Definition des Irrtums als ein Überschießen des Willens über das, was der Verstand klar und deutlich einsieht, lässt sich auf die Hoffnung anwenden. Die durch den Verstand durchgeführte Berechnung der Wahrscheinlichkeit des Eintritts des Erhofften, d.h. der Chancen, wird übersprungen in der Bejahung durch den Willen. Ein solcher Willensakt erzeugt eine Einbildung, welche die positive Erfüllung als vermutlich wirklich herannahend einschätzt.

Von seinem natürlichen Ursprung her begriffen ist der Intellekt zunächst ein Instrument im Kampf ums Dasein und ist ein Werkzeug zum Überleben. Diese Grundlage verschafft ihm die Fähigkeit zu erkennen, setzt ihm aber auch seine Grenzen und bringt seine Unzulänglichkeiten mit sich. Denn die subjektiven Lebensinteressen behindern die objektive Auffassung, und „der Intellekt gleicht dann einer Fackel, bei der man lesen soll, während der Nachtwind sie heftig bewegt."[27]

Hoffnung wird von Schopenhauer als „Narrheit des Herzens" angesehen.

> *Hoffnung* ist die Verwechselung des Wunsches einer Begebenheit mit ihrer Wahrscheinlichkeit. Aber vielleicht ist kein Mensch frei von der Narrheit des Herzens, welche dem Intellekt die richtige Schätzung der Probabilität so sehr verrückt, daß er eins gegen tausend für einen leicht möglichen Fall hält.[28]

Die unbegründete Vorwegnahme der Erfüllung in der entsprechenden Vorstellung entsteht unmittelbar durch die Durchsetzung des Willenseinflusses in ihr. Nicht nur die real existierenden

Perspektiven werden gegeneinander abgewogen, sondern das objektiv Unwahrscheinliche wird für subjektiv wahrscheinlich gehalten. In dem, was Gegenstand heftigen Wünschens ist, greift der Wille vor und repräsentiert dem Vorstellungsvermögen schon die als zukünftig angenommene Freude, ohne sie jedoch wirklich zu empfinden. Denn die Beimengung von Zweifel und Ungewissheit, sowie auch der gefühlte Mangel der Gegenwart im Betrachten des Noch-nicht, bereiten zugleich einen leisen Schmerz.

Hoffnung als Wunschdenken bewirkt Einseitigkeit:

> [...] unser Erkennen wird von unserm Wollen, unsern Neigungen durchweg korrumpirt, bestochen, verfälscht: was unserm Herzen widerstrebt, das läßt unser Kopf nicht ein: was unsrer Hypothese, unserm Plane, unserer Hoffnung, unserm Wunsche entgegen läuft, das können wir nicht sehn und nicht begreifen [...].[29]

Der Ursprung der Hoffnung aus der Begierde führt zu einer Fehleinschätzung der Situation. So *ist* Hoffnung nicht nur teilweise „blind", was den Anteil des Nichtwissens in ihr betrifft, sondern sie *macht* auch blind wie die Liebe, nämlich für alle ihr entgegenstehenden Gründe. Genau diese Blindheit findet sich in dem erwähnten Gemälde „Hope" in Form der Augenbinde dargestellt.

2.2. Brennöl des Geistes und Triebfeder des Handelns

Bisweilen aber üben die Willensregungen auch einen positiven Einfluss auf die Geistestätigkeit aus. Bacon erwähnt in diesem Zusammenhang die Metapher, der Verstand sei „kein Licht, das trocken (ohne Öl) brennte, sondern er empfängt Zufluss vom Willen und von den Leidenschaften."[30] Interesse kann die Leistung des Intellekts durchaus fördern und dessen Tätigkeit anspornen, das Brennöl des Willens und der Leidenschaft ist dem Verstand unter Umständen nützlich.[31]

So unterstützt der Willenseinfluss oft das Gedächtnis, da die Merkfähigkeit meist selektiv ist und vom persönlichen Interesse abhängt.

Hoffnung und Optimismus mögen allerdings einer gewissen Bequemlichkeit Vorschub leisten. Marcel sagt, „der Techniker, Erfinder oder Forscher" sucht nach Mitteln und Wegen und mag zuversichtlich sein sie zu finden, doch „der Hoffende sagt einfach: ‚Es wird sich finden'."[32]

Aber Hoffnung kann als Vorfreude auf die antizipierte Erfüllung durchaus als Triebfeder des Handelns fungieren. Deshalb wird häufig die Ansicht vertreten, die Hoffnung sei unentbehrlich für das menschliche Handeln und den Erfolg und man dürfe darum keinem die Hoffnung nehmen. Eine solche Situation, in der Hoffnung sich sogar als lebensrettend erweist, illustriert die auf Äsop (600 v. Chr. - 564 v. Chr.) zurückgehende Fabel von den beiden Fröschen. Zwei Frösche lebten in einem Tümpel, den die Sommerhitze allmählich ganz austrocknete. Daraufhin zogen sie los und fanden auf einem Bauernhof einen Bottich mit Milch. Sie hüpften voller Wonne hinein, doch als sie wieder hinaus wollten, rutschten sie am glatten Rand immer wieder ab. Sie paddelten lange in der Milch und schließlich meinte der eine Frosch, es sei sinnlos, gab auf und ertrank. Der andere Frosch aber strampelte verbissen weiter, bis die Milch zu Butter geworden war und er hinausspringen konnte.

Eigene Collage; Frosch aus
http://clipartmag.com/frogs-clipart#frogs-
clipart-36.jpg

Bloch fasst die Ambivalenz des Wertes der Hoffnung zusammen: „Die schwindelhafte Hoffnung ist einer der größten Übeltäter, auch Entnerver des Menschengeschlechts, die konkret echte sein ernstester Wohltäter."[33]

Hoffnungslosigkeit angesichts einer konkreten Bedrohung ist Verzweiflung. Dieser Affekt stellt sich dann ein, wenn das Begehrte in eine solche Ferne gerückt ist, dass nun kein Zweifel mehr darüber besteht, dass es unmöglich erlangt werden kann und der Trost der Hoffnung ganz wegfällt. In Dantes *Göttliche Komödie* (1472) lautet eine Zeile in „dunklen Lettern" am Torsims des Hölleneingangs: „Lasst jede Hoffnung, die ihr mich durchschreitet."[34] Hoffnungslosigkeit also, die Versagung jeglicher Aussicht auf Erlösung, ist die Hölle. Für die Seelen der Sünder gilt: „Kein Hoffen stärkt sie, jemals zu erjagen/ Den Frieden, selbst auch nur ein kleineres Leid."[35]
Sicherlich in Anlehnung an diese Vorstellung von diesem Höllentor wurde im Gegenzug dazu in 1957/58 das „Tor der Hoffnung" geschaffen von Ewald Mataré (1887-1965), rechte

Bronzetür am Portal des Salzburger Doms:

3. Das Erhoffte

Die Gegenstandsklassen der Hoffnung lassen sich einteilen in *weltimmanente* und *welttranszendente*. Allerdings transzendiert Hoffnung immer das Gegebene. Sie überspringt das je Seiende im Vorlaufen auf ein besseres Sein. Dabei bleibt sie entweder immanent als Hoffnung auf irdische Güter oder utopische Zustände, wie in säkularen Gesellschaftsentwürfen, oder sie manifestiert sich als transzendente religiöse Hoffnung auf Gott und Unsterblichkeit.[37]

Bei aller Mannigfaltigkeit der Gegenstände gilt doch für alle, dass solange wir auf etwas hoffen, uns das Erhoffte als bedeutsam erscheint. Es ist uns nicht gleichgültig. Diese „Hoffenswertigkeit" hebt den entsprechenden Gegenstand aus der Indifferenz heraus.[38]

Das Objekt der Begierde erhält eine positive Bewertung bzw. wird als ein Gut betrachtet. Spinoza und Schopenhauer kehren beide die Reihenfolge bei diesem Verhältnis entgegen traditioneller Auffassung um.

Wir würden „nichts erstreben, wollen, begehren oder wünschen, weil wir es für gut halten, sondern wir halten deshalb etwas für gut, weil wir es erstreben, wollen, begehren und wünschen."[39] Während aber sicher eine Abhängigkeit besteht, dürfte wohl kaum immer eine derartige zeitliche Reihenfolge anzunehmen sein. Denn die Werbung weckt unsere Begierde häufig erst und suggeriert uns Dinge als gut, die wir erst danach erstreben.

3.1. Irdisches Glück

Objekte der Begierde und somit der Hoffnung darauf, sie zu erlangen, sind mannigfaltig, was deren Inhalt angeht. Die meisten hoffen, den richtigen Partner zu finden, im Lotto zu gewinnen, gesund zu bleiben und dergleichen mehr. Der Form nach allerdings lässt sich das persönliche Streben der einzelnen mit Schopenhauer prägnant zusammenfassen: Alle wollen Dasein, Wohlsein und Fortpflanzung.

Nosce te ipsum, „Erkenne dich selbst" – die Selbsterkenntnis galt schon spätestens, als dieser Spruch über dem Eingang des Apollotempels in Delphi eingraviert wurde, als schwierige Anforderung an das philosophische Denken. Er stammt ursprünglich von Thales (nach anderen: Cheilon). Für Sokrates war die Selbsterkenntnis Vorbedingung der Tugend, für Lessing der „Mittelpunkt aller Weisheit", für Kant „aller menschlichen Weisheit Anfang." Aufklärung über sich selbst ist ein unabdingbarer Bestandteil von Lebensweisheit und eine Grundvoraussetzung für Glück. Dazu muss man seine Interessen kennen und wissen, was man will.

Glück und Freude sind die primären Gegenstände von Hoffnung für dieses Leben, und entsprechend hofft man deren Gegensätze, nämlich Unglück und Trauer, abzuwenden. Gegen das Leid haben die größten Denker der Menschheitsgeschichte versucht anzudenken, und gegen die Trauer wurde geradezu ein Sturm des Geistes entfesselt.

Ludwig Marcuse sagt treffend „Spinoza denkt, um glücklich zu werden."[40] Spinoza vertritt, zugespitzt formuliert, die These: Erkenntnis macht glücklich.[41] Aber warum? Zunächst nur bei solchen Menschen, die gern denken. Und dass auch Erkenntnis kein dauerhaftes, unverlierbares Glück ist, nach dem Spinoza suchte, ist ihm entgangen. Er übersah die Vergesslichkeit. Spitz bemerkt Nietzsche: „Selig sind die Vergeßlichen: denn sie werden auch mit ihren Dummheiten ,fertig'."[42]

Spinozas Schachzug in der *Ethik* stützt sich auf die relativ leichte Behebbarkeit der Passivität, die er mit dem Leiden identifiziert. Ähnlich wie später Freud , behauptet Spinoza: „Sofern wir die Ursachen der Traurigkeit erkennen, insofern hört sie [...] auf, ein Leidenszustand zu sein, d.h. [...] insofern hört sie auf, Traurigkeit zu sein."[43]

Nach dieser Ansicht müsste sich Glück allein durch Erkenntnis, sogar der Erkenntnis des Unglücks einstellen. Nun nimmt sich aber die Macht der Erkenntnis gegenüber der Macht der Tatsachen im allgemeinen armselig aus. Das Erkennen ist freilich leichter verfügbar, und damit auch das Glück des Erkennens. Es hängt von einem selbst ab. Spinoza möchte dem Rad der Fortuna in die Speichen greifen und selbst drehen. Da Gegenstände von mir vorgestellt werden und ich eine Einstellung ihnen gegenüber habe, sollte es möglich sein, da diese subjektiven Ursprungs sind und von mir beeinflussbar, da ich selbst der an ihrer Konstituierung beteiligte Agent bin, diese leichter zu verändern als das sich aufdrängende Objekt.

Was ist aber mit der Überführung der Passivität in Aktivität gewonnen? Ist Freiheit von Fremdbestimmung im

Geist denn schon Freiheit vom Leid? Selbst wenn Erkenntnis beglückend ist, so ist sie dem Leiden doch immer nur aufgesetzt. Dieselbe Kritik gilt der von der heutigen Psychotherapie gemachten Voraussetzung, die Erkenntnis des Leidens behebe es bereits. Wenn nur der Grund der Depression *erkannt* würde, so würde sie schon verschwinden; anstatt den Grund zu *beheben*. Es ist aber das ins Leere greifende Verlangen, was das Leid ausmacht. Das Begehren ist nicht damit zu schlagen, dass man es rationalistisch unterschlägt: es bleibt aller Vernunfteinsicht gegenüber resistent; es ist das Wollen, an dem die Vernunft abprallt und verzweifelt.

Gewiss, für Spinoza ist Aktivität gleich Vollkommenheit, und Passivität Ohnmacht und als solche Unlust. Marcuse bemerkt, dass sich diese Denkfigur der Nichtunterscheidung zwischen „erleiden und leiden" schon bei Thomas von Aquin findet, und bei dem, in der *Summa theologica*, „jede Trauer", die eine Unterart des Schmerzes, sei, „durch eine Lust besänftigt werden" könne.[44]

Die „Kreuzzüge gegen die Trauer" fochten nicht nur dagegen, dass die trostreichen Mythen demaskiert wurden, sondern fanden andere, davon ablenkende Gründe, die Trauer nicht zuzulassen: dass sie selbst schädlich sei, oder krankhaft (schwarze Galle); die Diagnostiker des Übels wurden mit allen Mitteln diskreditiert oder, was am wirkungsvollsten ist, ignoriert: „Wer den Schatten ins Licht stellt, der wird in den Schatten gestellt."

Für den Leidenden steht exemplarisch die Gestalt des alttestamentarischen Hiob, des gerechten Mannes, der alles verlor. In dieser biblischen Geschichte wird deutlich, wie deplaziert und unsensibel Argumente in der Not sind. In den Ohren Hiobs ist der argumentative nur ein leidiger Trost, und auch wenn das vernünftige Erkennen oft das einzige ist, um das Leid anzugehen, so bemerkt Malter, verfügt doch philosophische Vernunft nicht „über Sein oder Nicht-sein von Leiden", und die „Einsicht in die Vergeblichkeit des argumentativen Tröstens" führt dazu, dass der Philosophierende, „sich selber in Staub und

Asche sehend, nicht mehr über deren Woher und Warum sich müde grübelt, sondern seinen Platz in diesem Staub und dieser Asche bedenkt."[45]

Die Situation, in der sich Hiob befindet, stellt ein spezielles Problem in der Religion dar, weil es auf dem Standpunkt der Religion skandalös und unverständlich erscheint, warum Gott einen guten Menschen leiden lässt. Die Sonne scheint über Gerechten und Ungerechten. Aber auch ohne diese Verknüpfung mit Moralität ist das Leiden ein Problem in jedem Leben. Schopenhauer sagt, „alles Leben ist Leiden." Das Leiden ist die dichtere Wirklichkeit.

In Arkadien geboren, wie Schiller [Resignation] sagt, sind wir freilich alle: d.h. wir treten in die Welt voll Ansprüche auf Glück und Genuß und hegen die törichte Hoffnung, solche durchzusetzen. In der Regel jedoch kommt bald das Schicksal, packt uns unsanft an und belehrt uns, daß nichts *unser* ist, sondern alles *sein*, indem es ein unbestrittenes

Recht hat, nicht nur auf allen unsern Besitz und Erwerb und auf Weib und Kind, sondern sogar auf Arm und Bein, Auge und Ohr, ja auf die Nase mitten im Gesicht.[46]

Hiob ist an den einen Extrempol des Menschenlebens geworfen, den der Not, dessen anderer Pol die Langeweile ist. Kummer und Schmerz ergeben sich aus der Diskrepanz zwischen Streben und Erreichen. Schmerz ist durchkreuzter Wille. Erinnerung an Verlorenes, Sorge um die Zukunft oder Hoffnung auf Glück sind dabei gewaltige Steigerungsmittel des Leidens.[47]

Die sich im eigenen Besitz befindenden Güter weiß man erst zu schätzen, wenn man sie verloren hat. Denn das Glück ist laut Schopenhauer gar keine positive Empfindung, sondern besteht nur in der Aufhebung von Mangel und Schmerz, der allein deutlich gefühlt wird. So finden wir „in der Regel die Freuden weit unter, die Schmerzen weit über unsere Erwartung."[48]

Trost im Unglück sei im allgemeinen, sich mit anderen zu vergleichen, die noch unglücklicher seien, und solche gäbe es immer. Es ist seltsam, dass ein solcher Vergleich ein wirksamer Trost sein kann.

Zwar erscheint „jedes einzelne Unglück als eine Ausnahme, aber das Unglück überhaupt ist die Regel."[49] In dieser endlichen, stets bedürftigen Existenz und im beständigen Zustand unbefriedigtem Strebens kann dem Willen nicht Rast noch Ruhe werden. Qual und Leid sind die notwendigen Begleiterscheinungen des Wollens, und Wollen ist unser Wesen. Die Hölle, das ist das Leben selbst. Das Leben ist ein Geschäft auf Kosten anderer, und es ist zudem eines, das auch einen selbst mit nichts davonkommen lässt. Es geht hier wirklich um – *nichts*, denn wir kommen aus dem Nichts und kehren zurück ins Nichts.

Zu den weltlichen Gegenständen der Hoffnung zählen nicht nur die zahlreichen Wünsche für das individuelle Glück der Einzelnen, sondern Werte und Normen der Gesellschaft oder sozialer Gruppen. Auch sie involvieren

Hoffnung. Marxistische Lehren betonen die Hoffnung auf Revolution und Befreiung von Knechtschaft. Viele Bewegungen und Gesellschaften berufen sich auf Werte wie zum Beispiel Gerechtigkeit. Auch Demokratien unterhalten ihre bestimmten Glaubensinhalte, an deren Verwirklichung und Fortbestand Hoffnung geknüpft wird, und die auch propagandistisch im Volk verbreitet werden.

Bereits altrömische Staatsmänner verbanden die Werte und Einrichtungen ihrer Regierung mit Hoffnung. Sie ließen sogar Münzen prägen, die ihr eigenes Porträt auf der Vorderseite und Spes, die Göttin der Hoffnung, auf der Rückseite eingraviert trugen. Damit verband sich speziell die Hoffnung auf Siege in kriegerischen Auseinandersetzungen. Spes, die römische Entsprechung zu Elpis in der griechischen Mythologie, wurde als auf den Zehenspitzen gehendes Mädchen dargestellt, mit einer Blume in der Hand und häufig auch mit einer Krähe an ihrer Seite, einem Symbol für Dauer. Die folgenden Münzen zeigen Commodus als Caesar, 175-176 AD, mit Spes auf der Rückseite:

Schon seit dem 5. Jahrhundert v. Chr.
wurde die personifizierte Hoffnung in
Rom verehrt. Der Konsul Gaius
Horatius Pulvillus weihte der Spes 477
v. Chr. nach einem Sieg über die
Etrusker einen Tempel auf dem Esqui-
lin. In der Mitte des 3. Jahrhunderts v.
Chr. wurde ihr von dem Konsul Aulus
Atilius Caiatinus ein Tempel auf dem
Forum Holitorium (Gemüsemarkt) in
Rom geweiht. Nachdem der Tempel
mehrmals zerstört und wieder auf-
gebaut worden war, fand die letzte
Einweihung im Jahr 17 v. Chr. durch
Germanicus statt.[51]

Reste des Tempels der Spes,
Forum Holitorium in Rom[52]

In 2004 hielt der damalige Senator und
spätere US-amerikanische Präsident
Barack Obama vor der Democratic
National Convention in Boston eine
Rede mit dem Titel "The Audacity of
Hope". Den Gedanken, dass Hoffnung
ein Wagnis ist, hatte er von seinem frü-
heren Pastor Jeremiah Wright
übernommen, der seinerseits inspiriert
von einem Vortrag von Frederick G.
Sampson in den späten 80er Jahren,
1990 eine Predigt über das Gemälde
„Hope" von Watts gehalten hatte.
Obamas Kernidee in seinem 2006
erschienenen Buch *The Audacity Of*

Hope lautet, dass alle Amerikaner durch zwei grundlegende Werte oder Glaubensüberzeugungen („beliefs") geeint würden: „freedom" und „community".

Interessanterweise scheint zwar in den USA das nationale Selbstverständnis die Überzeugung zu beinhalten, dass man in einem freien Land lebe, „land of the free, and home of the brave", wie es in der amerikanischen Nationalhymne heißt. Gleichwohl wird Freiheit hier als Gegenstand der Hoffnung präsentiert. Der Grund wird verständlicher an einem Beispiel, das verdeutlicht wie es im Alltag um die persönliche Freiheit von Arbeitnehmern bestellt ist. Die großen Fische fressen die kleinen (Spinoza, *TTP*) und so ist Freiheit nur den Starken vorbehalten, die am Drücker sind und dann sogar dreist fordern, dass die Schwachen sich willig fressen lassen sollen. So steht in dem Arbeitsvertrag einer zeitgenössischen amerikanischen Fluggesellschaft: „You agree to devote your full knowledge and entire working capacity to [the company]. Any side activities require the prior written consent of [the company]". Diese

Struktur des vereinnahmenden Egoismus, hier nicht einer einzelnen Person sondern einer ganzen Firma, fordert das Opfer des Verzichts auf freiheitliche Selbstverwirklichung. Aufgezwungene Eindimensionalität bzw. zugemutete Askese verstattet hier auch keine „Ausnahmen", die wenigstens formal vorgesehen sind im Paragraphen 73 des deutschen „Niedersächsischen Beamtengesetzes", wo ansonsten eine ähnliche Beschränkung der Nebentätigkeiten ausgesprochen wird, also ebenfalls die Tendenz zur totalen Vereinnahmung des in den Dienst gestellten Individuums festzustellen ist.

3.2. Ewiges Leben

Während das säkularisierte Denken auf persönliche Inhalte der Hoffnung oder gesellschaftliche Glaubensinhalte abzielt und ideologisch geprägtes Denken gar ein Paradies auf Erden verheißt, gelten die transzendenten Hoffnungen einem Himmelreich im Jenseits. Als transzendente Verheißung des Guten spielt die Hoffnung besonders für das religiöse Denken eine wesentliche Rolle im Sinne einer Endzeit- und Heilserwartung. Der Mensch möchte auf Gerechtigkeit hoffen dürfen, wenn schon nicht in diesem Leben, so wenigstens in einem künftigen. Dazu muss er vor allem, neben einer moralischen Lenkung der Welt, die Unsterblichkeit der Seele fordern – und erhoffen. „Gerechtigkeit hat mich dem Nichts entrissen", spricht die Hölle bei Dante.

Im *Christentum des zwanzigsten Jahrhunderts* herrscht eine positive Bewertung der Hoffnung vor. Jürgen Moltmann (geb. 1926) definiert: „Die Hoffnung ist nichts anderes als die Erwartung der Dinge, die nach der Überzeugung des Glaubens von Gott wahrhaftig verheißen sind."[53] Der Rat von Albert Camus, „klar zu denken und nicht mehr zu hoffen", führt laut Moltmann in die „Utopie des *status quo*".

Er bemerkt aber auch, dass der auf Christus Hoffende begänne, an der „gegebenen Wirklichkeit zu leiden", „denn der Stachel der verheißenen Zukunft wühlt unerbittlich im Fleisch jeder unerfüllten Gegenwart." Jedoch, die Transzendenz soll helfen, das Zukurzgekommensein in dieser Welt zu kompensieren, und so ist der Christ „in seiner Hoffnung von der Notwendigkeit befreit, sich hier sein Glück sichern zu müssen."[54] Letztendlich läuft Hoffnung darauf hinaus, dass der Mensch „hofft, um zu erkennen, was er glaubt."[55]

Im Oktober 1994 erschien das Buch von Papst Johannes Paul II, *Die Schwelle der Hoffnung überschreiten*. Dort betont er: „Gott ist die erste Quelle der Freude und der Hoffnung des Menschen."[56] Die Hoffnung auf den Sieg über das Böse und den Tod schlägt sich im Gebet für die Leidenden und die Verstorbenen nieder: „Es besagt, dass die Kirche in der Hoffnung auf ein ewiges Leben verharrt."[57]

Die transzendente Variante der Hoffnung nimmt eine Sonderstellung an insofern, als sie eigentlich nicht enttäuscht werden kann, da sie ja im Leben nicht falsifizierbar ist. Allerdings kann doch der Glaube enttäuscht werden, nämlich wenn er verloren geht im Konflikt mit dem Wissen.

Während paradigmatisch bei Pascal (1623 - 1662), der im religiösen Zusammenhang von „Gründen des Herzens" (*raisons du coeur*) sprach, der Glaube in Widerstreit zum Wissen gesehen wurde, gab es auch Versuche, Glaube und Wissen zu vereinbaren.

Kant trennte zwar einerseits beide scharf, begrenzte das Wissen um zum Glauben Platz zu bekommen, bemühte sich andererseits aber um einen sogenannten vernünftigen Glauben. Religiöse Jenseitshoffnungen werden von ihm rationalisiert, wobei sein Begründungsversuch auf dem Imperativ des sittlichen Handelns beruht, das mehr sein soll als bloße Geschmackssache. Im Jahr 1793 erschien seine Schrift *Die Religion innerhalb der*

Grenzen der bloßen Vernunft. Zwar geht er einerseits von der angeborenen Verderbtheit der menschlichen Natur aus, stützt sich andererseits aber auch auf die ethische Forderung, mit der zugleich die Möglichkeit der Wandlung des Herzens zum Guten einhergehe: „Denn, wenn das moralische Gesetz gebietet, wir *sollen* jetzt bessere Menschen sein; so folgt unumgänglich, wir müssen es auch können."[58] Kant vertritt die Ansicht, dass dem Menschen restlose Selbsterkenntnis im Sinne eines zweifelsfreien Einblickes in die eigene Gesinnung verwehrt sei: „die Tiefe des Herzens (der subjektiv erste Grund seiner Maximen) [ist] ihm selbst unerforschlich." Seine Entmündigung des eigenen Gewissens trotz Autarkieforderung für die Vernunft, allerdings einer allgemeingültigen Vernunft, steuert zwar der Selbstgerechtigkeit entgegen, birgt aber auch den Rückfall in die Abhängigkeit von Autoritäten. Vermutlich will Kant den Blick ins Herz des Menschen für Gott reservieren. Dem Betroffenen ist die Möglichkeit zur Rechtfertigung mittels der Berufung auf das von ihm klar und deutlich Eingesehene durch dieses Verdikt versagt.

Kant fährt fort, dass weder von menschlicher „natürlicher Unschuld" auszugehen sei noch davon, dass die Vernunft des Menschen nicht immer Vorwände gegen die radikale Umkehr und geforderte Selbstvervollkommnung aufbieten würde. Da also von einem „unvertilgbaren Hang" zum Unsittlichen auszugehen sei, wäre die moralische Besserung nur als in einer unendlichen Annäherung liegend zu denken, die aus einer „Veränderung des obersten inneren Grundes der An- nehmung aller seiner Maximen dem sittlichen Gesetze gemäß" entspränge. Erforderlich dazu ist also ein vorausge- hender Willensentschluss, welcher der stetige, Kant sagt sogar „unver- änderliche" Grund aller anderen Ent- schlüsse wird: „das neue Herz." Kant verwehrt dem Menschen zwar die Gewissheit über die Reinheit seiner sittlichen Motivation,

aber auf den Weg, der dahin führt, und der ihm von einer im Grunde gebesserten Gesinnung angewiesen wird, muss er *hoffen* können, durch *eigene* Kraftanwendung zu gelan- gen: weil er ein guter Mensch wer- den soll, aber nur nach demjenigen, was ihm als von ihm selbst getan zugerechnet werden kann, als *moralisch*-gut zu beurteilen ist.[59]

Nach Kant würde die Seligkeit anstrengend werden, da er sie als Anwachsen der Rechte und Pflichten im Sinne einer Selbstoptimierung denkt. Und diese denkt er als Prozess *ad infinitum* ohne absehbares Endziel oder irgend einen Ruhepunkt der Erfüllung.

[...] natürlicher Weise darf derjenige, der sich bewusst ist, einen langen Teil seines Lebens bis zu Ende desselben, im Fortschritte zum Bessern, und zwar aus echten moralischen Bewegungsgründen, angehalten zu haben, sich wohl die tröstende Hoffnung, wenn gleich nicht Gewissheit, machen, dass er, auch in einer über dieses Leben hinaus fortgesetzten Existenz, bei diesen Grundsätzen beharren werde, und, wiewohl er in seinen eigenen Augen hier nie gerechtfertigt ist, noch, bei dem verhofften künftigen Anwachs seiner Naturvollkommenheit, mit ihr aber auch seiner Pflichten, es jemals hoffen darf, dennoch in diesem Fortschrit-

te, der, ob er zwar ein ins Unendli-
che hinausgerücktes Ziel betrifft,
dennoch für Gott als Besitz gilt,
eine Aussicht in eine *selige* Zukunft
haben [...].[60]

Damit die ethische Forderung, so zu
handeln, dass man würdig wird,
glücklich zu sein, nicht sinn- und bo-
denlos bleibt, postuliert die reine prak-
tische Vernunft Gott, Freiheit und Unsterblichkeit der Seele.[61] Diese drei
metaphysischen Vernunftideen sollen
als Garanten dafür fungieren, dass der
moralische Held kein Narr ist.[62] Die
entsprechende religiöse Hoffnung begründet zwar nicht das Handeln, voll-
endet es aber.

Was dem Geschöpfe allein in Anse-
hung der Hoffnung dieses Anteils
[eines jeden am höchsten Gut, der
intellektuellen Anschauung der Se-
ligen] zukommen kann, wäre das
Bewusstsein seiner erprüften Gesinnung, um aus seinem bisherigen
Fortschritte vom Schlechteren zum
Moralischbesseren und dem
dadurch ihm bekannt gewordenen
unwandelbaren Vorsatze eine
fernere ununterbrochene Fortset-
zung desselben, wie weit seine

Existenz auch immer reichen mag, selbst über dieses Leben hinaus zu hoffen [...].[63]

4. Intellektuelle Redlichkeit

Wer nach der Wahrheit strebt, darf dieses Streben nicht der Bedingung unterwerfen, dass die Wahrheit auch nützlich, gut oder schön sein müsse. Aber „was bedeutet aller Wille zur Wahrheit?" (Nietzsche) Wunschdenken hat manchmal seine Berechtigung. Und nicht jeder will sich überhaupt von seinen Vorurteilen trennen. Wissenschaft und Weisheit, Wahrheit und Lebensklugheit liegen durchaus bisweilen, wie Nietzsche bemerkt, miteinander „im Kampfe". Die wahre Philosophie ist nicht immer auch die beste. Philosophie zerstört nicht nur Ideologie, sondern baut sie auch auf. Die größten Ideologen sind Philosophen.

Doch die Wahrheit macht frei. Befreien kann sich der Mensch von durch Wünschen und Hoffen zustande gekommenen Irrtümern, indem er seine Urteilskraft diszipliniert, seinen Willen zum Glauben bezwingt und ihn innerhalb der Schranken des Verstandes hält. Auch wenn eine Lebenslüge nützlich und trostreich sein mag, sie ist es nur so lange, als man sie für wahr hält. Eine Illusion ist immer der Entdeckung ausgesetzt, und enttäuschte Hoffnung schmerzt. Hoffnung ist riskant, denn sie macht verwundbar.

William James weist darauf hin, dass sowohl die Regel der Vorsichtigen als auch die Regel der Mutigen an die Leidenschaften gebunden ist. Und zwar seien die Skeptiker geleitet von der Angst vor dem Irrtum, die Mutigen von der Hoffnung auf den Gewinn. Darum stünde nicht der Intellekt gegen die Leidenschaften, sondern bloß eine Leidenschaft gegen die andere, nämlich Angst gegen Hoffnung. Welche als die bessere gelte, sei eine Entscheidung, die nicht aus logischen Gründen erfolge.[64] Es ist eine Frage des Temperaments.

Sogar unser Glaube an die Möglichkeit wahrer Erkenntnis und das Streben nach Wahrheit involviert Hoffnung. Nietzsche (1844 - 1900) formuliert diese Einsicht in Bezug auf seinen „Erzieher", „[...] unser Schopenhauer: ihm fehlte jede Hoffnung, aber er wollte die Wahrheit."[65]

Schon früher hatte Spinoza den Einfluss des Begehrens auf die Urteilsbildung hervorgehoben. Das Begehren, ob bewusst oder unbewusst, gründet im Streben nach Selbsterhaltung, das jedem „Ding" wesentlich innewohnt. Im *Tractatus Theologico-Politicus* und in der *Ethik* untersucht er die Vorurteile. Ihm zufolge sind sie durch die Affekte von Freude und Trauer, Hoffnung und Furcht, also entgegenkommende oder unterbindende, Modifikationen des Überlebenstriebes, bedingt. Überzeugungen sind für Spinoza nicht Sache eines freien Willens wie noch für seinen Vorläufer Descartes, sondern Sache der Natur des Menschen.

Gleichwohl räumt er die Möglichkeit adäquater Erkenntnis ein, sozusagen mit den „Augen Gottes" die Dinge „unter dem Gesichtspunkt" der Ewigkeit zu betrachten, d.h. die umfassende Gesetzmäßigkeit in der Natur zu erfassen. Unser Geist ist darauf angelegt die Wahrheit zu erkennen und vermag es auch, wenn er rein tätig ist.

4.1. Aufklärung

Begriff und Kritik der Hoffnung stellen in besonderem Maß Gegenstand jeglicher *Aufklärung* dar. Zugleich fällt das Unterfangen, die Komposita der Hoffnung auf den Begriff zu bringen und den Geltungsbereich wie die Grenzen der Hoffnung aufzuzeigen, in den Bereich von *Ideologiekritik*.

Die sogenannte „Aufklärung" zeichnete sich durch ratio-nalistische Züge aus, während Romantik und Pietismus vielfach als Gegenbewegungen zur Aufklärung angesehen werden. Mit „der Aufklärung" sind im Allgemeinen bestimmte Denker gemeint und ein um¬rissenes Programm mitsamt be¬stimm¬ten Voraussetzungen: außerdem eine hi¬storische Epoche. Innerhalb der Naturwissenschaft Newton, den Humanwissenschaften Locke, Condillac, Lessing, den Gesellschaftswissenschaften Turgot, Price und Rousse¬au, sollte aus der Vernunft eine allge¬meine Denk- und Lebensordnung begründet werden, gemäß der die Menschheit in freier

Notwendigkeit auf das Wahre, Gute und irdische Glück hin fortschreiten würde. Aus einem „Glauben an die Vernunft" im Sinne eines Planes und einer weisen Lenkung entspringt der Glaube an Sinn und Ziel, d.h. eine „teleologische Bestimmung" des Weltlaufs, der Geschichte und des Menschen.

Kant beantwortet die Frage, „Was ist Aufklärung" im Jahre 1784 in einem Aufsatz, der in der Dezember-Nummer der *Berlinischen Monatsschrift* erschien, folgendermaßen:

> Aufklärung ist der Ausgang des Menschen aus seiner selbstverschuldeten Unmündigkeit. Unmündigkeit ist das Unvermögen, sich seines Verstandes ohne Leitung eines anderen zu bedienen. Selbstverschuldet ist diese Unmündigkeit, wenn die Ursache derselben nicht am Mangel des Verstandes, sondern der Entschließung und des Mutes liegt, sich seiner ohne Leitung eines anderen zu bedienen. Sapere aude! Habe Mut, dich deines eigenen Verstandes zu bedienen! ist also der Wahlspruch der Aufklärung. [66]

Obwohl Kant in *Über das Mißlingen aller philosophischen Versuche in der Theodicee* einen Optimismus im Sinne Leibnizens zurückgewiesen hatte, der das Überwiegen von Lust behauptet, sowie auch den Glauben an das Herbeiführen des Guten durch das Schlechte diskreditiert hatte, ließ er doch den Glauben an eine fortschreitende Vervollkommnung als durchaus vernünftig gelten. Kant sucht der Hoffnung eine vernünftige Grundlage zu geben. Sie sei nicht nur ein Trost im Leben und Gegengewicht zu dessen Mühseligkeiten, sondern resultiere aus der vermeintlichen Gewissheit unserer Pflicht. So dürften wir nicht nur auf Gott, Freiheit und Unsterblichkeit hoffen, sondern wir müssten diese religiösen Ideen sogar vernünftigerweise postulieren um der Gerechtigkeit willen.

Auf einem optimistisch-religiösen Boden gedeiht eine explizite oder implizite Pflicht zum Glücklichsein. Der Optimismus ist nicht nur der natürliche und ursprüngliche Impuls des Menschen, den nicht zu viele Schicksalsschläge niedergeschmettert haben, sondern er ist sogar religiös sanktioniert und gefordert. Daher trifft jeder Aufruf, die Hoffnung nicht aufzugeben, immer auf williges Gehör, ist aber meist nur ein bloßes Echo des eigenen Inneren. „Es ist jedem Menschen natürlich, leicht zu glauben, was er wünscht, (und) es zu glauben, weil er es wünscht."[67]

Mit Ausnahme von Kant überwiegt im Zeitalter der Aufklärung allerdings eine skeptische oder negative Einstellung gegenüber der Hoffnung, so bei Voltaire ((1694 - 1778), der sich in *Candide* vehement gegen den seichten Optimismus wendet, der seine Grundlage in mangelnder Beobachtung der Welt und in der leibnizschen *Theodizee* hat, d.h. dem Glauben an diese Welt als der besten aller möglichen Welten: „Das ist ein Leben! Man verbringt es hoffend, um es mit dem Tode zu beschließen, an den man wieder Hoffnungen knüpft." Ähnlich hebt Rousseau (1712 - 1778) die persönlichen Enttäuschungen hervor: „Ich pflanze täglich die Hoffnung und sehe sie täglich welken."
Schopenhauer führt aus:

Das Leben stellt sich dar als ein fortgesetzter Betrug, im Kleinen wie im Großen. Hat es versprochen, so hält es nicht; es sei denn, um zu zeigen, wie wenig wünschenswert das Gewünschte war: so täuscht uns also bald die Hoffnung, bald das Gehoffte.[68]

Wenn sich Hoffnung nicht nur vorübergehend als Affekt äußert, sondern sich in eine beständige Einstellung, eine *Passion*, umwandelt, dann manifestiert sie sich als *Optimismus*. Bei diesem handelt es sich um eine Haltung oder Weltanschauung. Unter einem Optimisten wird im Alltagsverständnis jemand verstanden, der eher das Gute als das Schlechte erwartet; einer, dem ein zur Hälfte mit Flüssigkeit gefülltes Glas als halb voll, welches dem Pessimisten als halb leer erscheint.

Der ursprüngliche Sinn von Optimismus ist jedoch ein anderer. Der Begriff geht auf Leibniz (1646 - 1716) zurück, der in seiner *Theodicee* argumentiert, dass diese Welt die beste aller möglichen Welten sei (*mundus optimus*). Der Optimismus als Weltanschauung ist theologischen Ursprungs. In ihm gilt die Welt trotz aller Übel als gerechtfertigt. Gott klopft sich gewissermaßen selbst auf die Schulter, wenn es im Alten Testament der Bibel, in *Genesis*, Erstes Buch Mose, nach jedem einzelnen vollbrachten Schöpfungsakt heißt: „Und Gott sah, dass es gut war." Von daher ist es Blasphemie, auf das Schlechte hinzuweisen, ja sogar, es überhaupt als solches zu sehen und anzuerkennen. Der Mensch hat sich seines Daseins zu freuen und dankbar zu sein: „Spring, Marquis, semper lustig!", bemerkt Schopenhauer bissig.[69]

Schopenhauer bezeichnet den Optimismus als „ruchlose Denkungsart" und stellt die Antithese zu Leibniz auf: „diese Welt ist die schlechteste aller möglichen."[70] Um zu dieser Auffassung zu gelangen, brauche man nicht die ganze Welt auf die Waage zu legen, da sich die Aussage, dass sie insgesamt schlecht ist, auch damit begründen ließe, dass alles Glücksempfinden wesentlich auf einem vorhergehenden Mangel beruhe. Man führe, so empfiehlt Schopenhauer, einen eingefleischten Optimisten durch all die dunklen Verstecke des Elends, dann würde auch dieser schließlich zu der Überzeugung gelangen, dass die Dinge, wie Berge und Täler, Blumen und Bäche usw., zwar „schön anzusehen" seien, aber „sie zu *sein*, ist ganz etwas anderes".[71]

Im persönlichen Lebenslauf erblickt Schopenhauer eine bestimmte Entwicklungstendenz. Die Jugend ist gekennzeichnet von größerem Optimismus und positivem Denken, während im Alter die Bescheidenheit und Sorge vorherrscht, bedingt durch die zahlreichen Enttäuschungen und schlechten Erfahrungen im Leben.

Der Karakter der ersten Lebenshälfte ist die stets unerfüllte Sehnsucht nach Glück, der der 2ten die nur zu oft erfüllte Besorgniß vor Unglück: unglücklich sind also beide.

Wenn, als ich jung war, geklingelt oder geklopft wurde, ward ich vergnügt, denn ich dachte nun käme es. Jetzt, wenn es klopft, erschrecke ich, denn ich denke: „da kommt's! ["][72]

Abgesehen von den verschiedenen Lebensaltern, lassen sich die Menschen auch in Temperamenttypen einteilen. Dem nüchternen Realisten steht neben dem gutgläubigen Optimisten als weiterer Pol der Melancholiker gegenüber, der zwar, wie der Zuversichtliche, ebenfalls selektiv wahrnimmt, aber unter Auswahl der negativen anstatt der positiven Aspekte.[73] Auch die Melancholie kommt zustande durch eine Verzerrung des klaren Urteils, hier infolge von Entmutigung. Mit zunehmender Erfahrung nimmt meistens die Weltklugheit zu, die von einer Dämpfung überschwänglicher Hoffnungen gekennzeichnet ist. Der Optimist erwartet das für ihn Günstigste, während der Pessimist den schlimmsten Fall annimmt. Wer immer das Schlimmste erwartet, wird manchmal angenehm überrascht, aber nicht enttäuscht.[74]

4.2. Ideologiekritik

Ideologiekritik, so die Ansicht einiger Zeitgenossen, sei mittlerweile überflüssig, weil es gar keine Ideologien im Sinne von Illusionen mehr gäbe. Ideologien seien keine kognitiven Irrtümer, kein „falsches Bewußtsein", sondern, unter Berufung auf Louis Althusser, „gelebte Beziehungen", und sie steckten, nach der gleichen Auffassung von Terry Eagleton, nicht „in den Köpfen, sondern den Institutionen".[75]

Der Ausdruck „Ideologie" geht auf den französischen Aufklärungsdenker Destutt de Tracy (1754 - 1836) zurück, der damit, im Anschluss an Locke (1632 - 1704) und Condillac (1714 - 1780), die Erhellung des Ursprungs der menschlichen Ideen verband sowie die dadurch ermöglichte Kritik an ideellem Aufbau, Untermauerung und Stabilisierung der Herrschaft von Staat, Gesellschaft, Kirche und anderen Institutionen.

Durch Napoleon und danach erfuhr der Begriff „Ideologie" eine negative Nuance dahingehend, dass mit ihm ein von Grundsätzen, Theorien und Programmen geleitetes Verhalten verstanden wurde, das entweder selbst maladaptiv war oder das aus einer theoretischen Fundierung floss, die nicht mit der Wirklichkeit übereinstimmte, welche die wahren Motive im Dunkeln ließ oder falsche unterschob, und ein Selbstmissverständnis involvierte.

Ideologie ist, zusammengefasst, ein interessengeleitetes Deutungsschema, das, nachdem es vielleicht absichtlich mit einem bestimmten Zweck der Lenkung von Handlungen in Umlauf gebracht, alsbald von den Rezipienten unreflektiertes, auch geradezu „falsches Bewusstsein" über die Lage hervorbringt. Ideologie ist in diesem Sinne als Vernunfttrug anzusehen, d.h. eine Form der Irrationalität mit den Mitteln der Rationalität. Der Mensch verfällt dem Irrtum, indem er sich mit Urteilen begnügt, denen kein zureichender Grund in der Realität, mithin keine Wahrheit zukommt. Dieser Irrtum ist, da der Mensch in seinem „dogmatischen Schlummer" oder in seiner „Unmündigkeit" (Kant) verharrt, selbstverschuldet, aber durch Aufklärung behebbar. Ideologiekritik sucht die vielfältigen

Beeinträchtigungen der Vernunft zu erklären.

Auch Helvétius und Holbach gehören dazu, die sich um die „Entlarvung" der Vorurteile, darunter insbesondere der „vernunftfeindlichen, die Menschen im Elend haltenden Gänge der Politik" bemühten. Furcht und Hoffnung spielen bei der Manipulation eine große Rolle, worauf auch Hobbes im *Leviat¬han* hinweist.

Marx (1818 – 1883) gilt als klassischer Ideologiekritiker und als Philosoph des Kopfstands, indem er Hegel „vom Kopf auf die Füße" stellen wollte. Aber Marx hatte noch Hoffnung. Er glaubte, dass nicht das Bewusstsein der Menschen ihr Sein bestimme, sondern umgekehrt ihr materielles Sein deren Bewusstsein, und dass das gesellschaftliche Sein nur verändert werden müsse, um parallel dazu auch das falsche Bewusstsein zum Verschwinden zu bringen.

Menschliche Massenbewegungen stellen sich aus einer umfassenden Perspektive dar als brodelnde Krisenherde, Eskalationen und ein un-aufhörliches Aufwärts und Abwärts, ohne dabei allgemeine und einheitliche

Ergebnisse eines Lernprozesses sichtbar werden zu lassen. Diese Beobachtung bewog Schopenhauer zu seiner Geschichtsformel: „eadem, sed ali¬ter". Es wiederholt sich immerfort das im Wesentlichen Gleichartige, nur in leicht abgeänderter Gestalt. Jedes Individuum, so weit „fortgeschritten" auch die Gesellschaft sein mag, in die es „geworfen" ist, muss für sich immer von vorn anfangen. Das heißt, jedes wird immer erst mit Fremdmeinungen konfrontiert, bevor es anfangen kann, „seinen eigenen Verstand zu gebrauchen". Daher muss auch die „Aufklärung" nicht nur weitergehen, sondern immer wieder von vorn anfangen. Und stets ist zu unterscheiden zwischen Kritik der Ideologie und ideologischer Kritik, denn unentwegt bleiben Elemente letzterer in ersterer aufzuspüren. Kritik wird immer im Namen von Paradigmen geübt, welche Prämissen ihrerseits wieder zu hinterfragen sind. Wie in der *Dialektik der Aufklärung* (1944) von Horkhei¬mer und Adorno diagnostiziert, tendieren die zu einer bestimmten Zeit erhellenden Schemata zur Erklärung der Wirklichkeit dazu, ihren Zusammenhang mit eben dieser sich stets verändernden Wirklichkeit im Laufe der Zeit zu verlieren und somit ihr aufklärerisches Potential einzubüßen. Dann verkommen sie zu ideologischen Theorien, die den erneuten Zugang zu Neuinterpretationen erschweren. Aus Kritik wird Theorie und aus Theorie schließlich bloßer Jargon.

5. Intellektuelle Freiheit

Immanuel Kant verfasste drei Kritiken als Antworten auf menschliche Grundfragen: 1781 die *Kritik der reinen Vernunft* beantwortet die Frage „was können wir wissen?", die *Kritik der praktischen Vernunft* 1788 die Frage „was sollen wir tun?", die *Kritik der Urteilskraft* 1790 die Frage nach dem Schönen und Erhabenen, und die *Religion innerhalb der Grenzen der bloßen Vernunft* 1793 die Frage „was dürfen wir hoffen?" Da die Frage nicht lautet, was wir hoffen *können*, ist anzunehmen, dass der Bereich des Könnens größer ist als der des Dürfens. Mit dem Dürfen meint Kant den Grad der Rationalität. Wünschen und Hoffen kann man das Unwahrscheinlichste, aber was mit einigermaßen gutem Grund gehofft werden darf, muss gewissen Rationalitätskriterien entsprechen und darf der Vernunft nicht widersprechen. Sinn und Bedeutung von „Kritik" ist, die mehr oder weniger berechtigten von den unberechtigten Hoffnungen zu unterscheiden.

Wie ist intellektuelle Freiheit möglich? Ideologiekritik im Sinne von einer Erkenntnis des Interesses bezieht sich sowohl auf Selbsterkenntnis wie auf Menschenkenntnis. Manipulierbar und unfrei ist der Mensch, solange es ihm nicht gelingt, Irrlichter von erreichbaren Gütern zu unterscheiden. Es gilt, die Hoffnung innerhalb der Grenzen der Vernunft zu halten.

Das Ziel der Ethik der Stoiker war das glückliche Leben. Auch sie hatten aus Erfahrung gelernt, „dass bloß die Hoffnung, der Anspruch es ist, der den Wunsch gebiert", und dass „jeder Wunsch bald erstirbt, und also keinen Schmerz mehr erzeugen kann, wenn nur keine Hoffnung ihm Nahrung gibt."[76] Zwar ist Hoffnungslosigkeit Verzweiflung.

> Und doch gleicht ein hoffnungsloser Unglücksfall einem raschen Todesstreich, hingegen die stets vereitelte und immer wieder auflebende Hoffnung der langsam marternden Todesart.[77]

Intellektuelle Freiheit bedeutet bei Schopenhauer: Freiheit von der blinden Wirksamkeit der Motive. Frei ist der, den alle Verlockungen kalt lassen. Vor allem die „Lockungen der Hoffnung", die den Menschen im Wahn befangen halten und immer wieder dazu „verführen", im Leben Glück zu erwarten, binden ihn desto fester an das Leiden.[78]

Der Nutzen einer Kritik der Hoffnung ist, so frei zu werden wie es dem Weisen möglich ist. Ein immanentes Konzept von Erlösung hebt auf Zufriedenheit im Leben ab. Einen Beitrag dazu leistet der Versuch, die Hoffnung durch Restriktion des Wünschens zu beschränken auf die Bedingungen der Vernunft. Bewältigt man diese Aufgabe, so mag einem die Philosophie zwar „nichts eintragen, doch vieles ersparen." (Schopenhauer)

Literaturverzeichnis

Alighieri, Dante. *Die Göttliche Komödie*. München: DTV, 6. Aufl. 1992.

Aristoteles, *Die Nikomachische Ethik*, übers. u. hrsg. v. Olof Gigon, München: DTV, 6. Aufl. 1986.

Aristoteles. *Hauptwerke*. Hrsg. v. W. Nestle. Stuttgart: Kröner, 1953.

Bahr, Ehrhard (Hrsg.) *Was ist Aufklärung?* Kant, Erhard, Hamann, Herder, Lessing, Mendelssohn, Riem, Schiller, Wieland. Stuttgart: Reclam, 1981.

Barth, Hans. „Schopenhauers ‚Eigentliche Kritik der Vernunft'. In: *Schopenhauer*. Hrsg. v. Jörg Salaquarda. Darmstadt: Wissenschaftliche Buchgesellschaft, 1985, S. 60-72. (Wege der Forschung; Bd. 602).

Bloch, Ernst. *Das Prinzip Hoffnung*. Werkausgabe Band 5. Frankfurt/M.: Suhrkamp, 1959.

Brügger, Peter. „Die radikale Unvernunft der menschlichen ‚Vernunft' – Schopenhauers Beitrag zur Ideologiekritik." *Schopenhauer-Jahrbuch* 66 (1985), S. 253-257.

Dahl, Edgar (Hrsg.). *Die Lehre des Unheils: Fundamentalkritik am Christentum*. Hamburg: Carlsen, 1993.

Descartes, René. *Die Prinzipien der Philosophie.* Übers. u. erläut. v. Artur Buchenau. - 7. Aufl. Hamburg: Meiner, 1965. (Philosophische Bibliothek; 28).

Descartes, René. *Die Leidenschaften der Seele.* Hamburg: Meiner, 1984. (Philosophische Bibliothek; 345.)

Descartes, René. *Meditationen über die Erste Philosphie.* Übers. u . erl. v. Gerhart Schmidt. Stuttgart: Reclam, 1983.

Eagleton, Terry. *Ideology: An Introduction.* London/ New York: Verso, 1991.

Eisler, Rudolf (Hrsg.). *Wörterbuch der philosophischen Begriffe.* Berlin: Mittler u. Sohn, 4. Aufl. 1927. („Hoffnung" S. 637.)

Fahrenbach, H. *Wesen und Sinn der Hoffnung.* Diss. Heidelberg 1956.

Haffmans, Gerd (Hrsg.). *Das Schopenhauer Nachschlag-Werk: Ein Abc für die Jetztzeit, nebst einem Anhang, der die Kritik der korrupten Vernunft enthält.* Zürich: Haffmans, 1989.

Horkheimer, Max. „Die Aktualität Schopenhauers." (1961). In: *Zur Kritik der instrumentellen Vernunft.* Hrsg. v. Alfred Schmidt. Frankfurt: Fischer TB, 1985, S. 248-268.

Hübscher, Arthur. *Denker gegen den Strom. Schopenhauer: gestern – heute – morgen.* Bonn: Bouvier, 1973.

Hume, David: *A Treatise of Human Nature: Being an Attempt to Introduce the Experimental Method of Reasoning into Moral Subjects*, London 1739/40, Nachdruck Oxford 1968.

James, William. „The Will to Believe", in: *The Will to Believe and other essays in popular philosophy.* Human Immortality, both books bound as one, New York: Dover Publ., 1956.

Kant, Immanuel. *Kritik der praktischen Vernunft.* Hrsg. v. Joachim Kopper. Stuttgart: Reclam, 1992.

Kant, Immanuel. *Kritik der reinen Vernunft.* Hrsg. von Ingeborg Heidemann. Stuttgart: Reclam, 1966. Neudr. 1982.

Kant, Immanuel. *Kritik der Urteilskraft.* Hrsg. von Gerhard Lehmann. Stuttgart: Reclam, 1963. Neudr. 1981.

Kant, Immanuel. *Die Religion innerhalb der Grenzen der bloßen Vernunft.* Hrsg. v. Rudolf Malter. Stuttgart: Reclam, 1981.

Kerstiens, Ferdinand. *Die Hoffnungsstruktur des Glaubens.* Mainz: Matthias-Grünewald-Verlag, 1969.

Klencke, Hermann. *Pessimismus und Schopenhauer mit Bezug auf Spinoza als Heilmittel des Pessimismus.* Leipzig: 1882.

Kliemt, Hartmut. „Der Glaube als Feind der Aufklärung". In: *Die Lehre des Unheils: Fundamentalkritik am*

Christentum. Hrsg. v. Edgar Dahl. Hamburg: Carlsen, 1993.

Krings, Hermann u.a. (Hrsg.). *Handbuch philosophischer Grundbegriffe.* Bd. II. München: Kösel-Verlag, 1973. („Hoffnung" S. 692-700.)

Lehmann, Rudolf. *Schopenhauer: Ein Beitrag zur Psychologie der Metaphysik.* Berlin: Weidemann, 1894.

Malter, Rudolf: 'Eine wahrhaft ruchlose Denkungsart': Schopenhauers Kritik der Leibnizschen Theodizee. In: *Studia Leibnitiana* XVIII/2 (1986), S. 152-182.

Marcel, Gabriel. *Homo viator. Philosophie der Hoffnung.* Düsseldorf: Bastion, 1949.

Marcuse, Ludwig. *Philosophie des Glücks: Von Hiob bis Freud.* Zürich: Diogenes, 1972.

Marcuse, Ludwig. *Unverlorene Illusionen. Pessimismus – ein Stadium der Reife.* München: Szczesny, 2. Aufl. 1966.

Middendorf, Heinrich. *Phänomenologie der Hoffnung.* Amsterdam: Rodopi, Würzburg: K&N, 1985. (Elementa: ; Band 40).

Moltmann, Jürgen. *Theologie der Hoffnung: Untersuchungen zur Begründung und zu den Konsequenzen einer christlichen Eschatologie.* München: Kaiser, 1968. (Beiträge zur evangelischen Theologie, Theologische Abhandlungen; 38).

Nietzsche, Friedrich. *Kritische Gesamt-Ausgabe*, hrsg. von Giorgio Colli und Mazzino Montinari, Berlin/New York 1967 ff.

Nietzsche, Friedrich. Zur Genealogie der Moral. *Werke* III. Hrsg. v. Karl Schlechta. Nachdr. d. 6., durchges. Aufl. 1969. Frankfurt: Ullstein, 1979.

Nietzsche, Friedrich. Das Verhältnis der schopenhauerschen Philosophie zu einer deutschen Kultur. In: *Werke* Bd. III. Hrsg. von Karl Schlechta. Frankfurt am Main 1979, S. 995-998.

Nietzsche, Friedrich. *Jenseits von Gut und Böse: Vorspiel einer Philosophie der Zukunft.* München: Goldmann, (Goldmann Klassiker ; 7530).

Obama, Barack. *The Audacity of Hope. Thoughts on Reclaiming the American Dream.* New York: Crown/Three Rivers Press 2006.

Papst Johannes Paul II. *Die Schwelle der Hoffnung überschreiten.* Hrsg. v. Vittorio Messori. Übers. v. Irene Esters. 2. Aufl. Hamburg: Hoffmann und Campe, 1994.

Pisa, Karl. *Schopenhauer: Kronzeuge einer unheilen Welt.* Wien/ Berlin: Neff, 1977.

Ritter, Joachim (Hrsg.). *Historisches Wörterbuch der Philosophie.* („Hoffnung" S. 1157-1166.)

Schmidt, Alfred. *Die Wahrheit im Gewande der Lüge: Schopenhauers Religionsphilosophie.* München: Piper, 1986.

Schopenhauer, Arthur. *Der handschriftliche Nachlaß in fünf Bänden.* Hrsg. v. Arthur Hübscher. München: Deutscher Taschenbuch Verlag, 1985.

Schopenhauer, Arthur. *Sämtliche Werke.* Hrsg. v. Wolfgang Frh. von Löhneysen. 5 Bände. - Nachdr. d. 2. Aufl. Stuttgart u. Frankfurt 1968. Darmstadt: Wissenschaftliche Buchgesellschaft, 1989.

Schottlaender, Rudolf. „Die Freiheit des Wesens. Spinozas Umdeutung von Glaube, Hoffnung und Liebe." *Frankfurter Allgemeine Zeitung* 24.11.1982.

Schulz, Ortrun. „Die Kritik der Hoffnung bei Spinoza und Schopenhauer." *Schopenhauer-Jahrbuch* 80 (1999), S. 125-145.

Schulz, Ortrun. *Schopenhauer's Critique of Hope.* Norderstedt: BoD, 2014.

Spinoza, Baruch de. *Abhandlung über die Verbesserung des Verstandes. Abhandlung vom Staate.* Hamburg: Meiner, 5. Aufl. 1977 (Philosophische Bibliothek; 95.)

Spinoza, Baruch de. *Die Ethik; Schriften und Briefe.* Hrsg. v. Friedrich Bülow. - Unveränd. Nachdruck der 7. Auflage 1976. Stuttgart: Kröner, 1982. (Kröners Taschenausgabe; 24).

Spinoza, Baruch de. *Descartes' Prinzipien der Philosophie auf geometrische Weise begründet.* Mit dem „Anhang, enthaltend metaphysische Gedanken". Übers. v. Artur Buchenau. Einl. u. Anm. v. Wolfgang Bartuschat. Hamburg: Meiner, 1987. (Philosophische Bibliothek; 94).

Spinoza, Baruch de. *Kurze Abhandlung von Gott, dem Menschen und seinem Glück.* Hrsg. v. Carl Gebhardt. Hamburg: Meiner, unv. Nachdr. 1965.

Windelband, Wilhelm. *Die Geschichte der neueren Philosophie,* Bd. II. Leipzig 1880.

Wren, T.E. "Is Hope a necessary Evil? Some Misgivings about Spinoza's metaphysical Psychology." *Journal of Thought* 7 (1972), pp. 67-76.

Namensindex

Anmerkungen

1 Zitiert von Arthur Schopenhauer, *Die Welt als Wille und Vorstellung* I, Erstes Buch, §16, Werke I, Löhneysen S. 145.

2 Page URL: https:// commons. wikimedia.org/wiki/File%3A-Assistants_and_George_Frederic_Watts_-_Hope_-_Google_Art_Project.jpg, File URL: https:// upload.wikimedia.org/wikipedia/commons/e/eb/-Assistants_and_George_Frederic_Watts_-_Hope_-_Google_Art_Project.jpg .

3 George Frederic Watts [Public domain], via Wikimedia Commons.

4 Schopenhauer, *Parerga und Paralipomena* II, Einige mythologische Betrachtungen, § 200, Löhneysen Werke V, S. 486-7.

5 *Historisches Wörterbuch der Philosophie*, Band 3, hrsg. v. Joachim Ritter, Darmstadt: Wissenschaftliche Buchgesellschaft, 1974, S. 1157ff.

6 Aristoteles, *Rhetorik* II, 5, 1382a 21; II, 12, 1389a 20ff.

7 https://de.wikipedia.org/wiki/Drei_heilige_Frauen.

8 https://commons.wikimedia.org/wiki/-File: Sophia_mit_ihren_3_Kindern.JPG. By Altera levatur (Own work) [CC BY-SA 4.0

(https://creativecommons.org/licenses/by -sa/4.0)], via Wikimedia Commons.

9 *Handbuch philosophischer Grundbegriffe*, hrsg. v. H. Krings et al., München: Kösel, 1973, S. 692.

10 Handbuch philosophischer Grundbegriffe, S. 694.

11 Spinoza, Baruch de. *Die Ethik; Schriften und Briefe.* Hrsg. v. Friedrich Bülow. - Unveränd. Nachdruck der 7. Auflage 1976. Stuttgart: Kröner, 1982. (Kröners Taschenausgabe; 24). *Ethik* Teil 3, Lehrsatz 12, Kröner S. 126. Siehe auch T. 3, Lehrsatz 25.

12 Spinoza, *Ethik,* Teil 4, Lehrsatz 47, Kröner S. 236.

13 Spinoza, *Ethik,* Teil 3, Def. 13 der Affekte, Erläuterung, Kröner S. 177-8.

14 Spinoza, *Ethik,* Teil 3, Lehrs. 50, Kröner S. 159.

15 Spinoza, *Ethik,* Teil 4, Lehrs. 54, Kröner S. 241.

16 Wren, T.E. "Is Hope a necessary Evil? Some Misgivings about Spinoza's metaphysical Psychology." *Journal of Thought* 7 (1972), p. 70.

17 Ernst Bloch, *Das Prinzip Hoffnung.* Werkausgabe Band 5. Frankfurt/M.: Suhrkamp, 1959, S. 74.

18 Schopenhauer, *Parerga und Paralipomena* II, Zur Lehre vom Leiden der Welt, Werke V, Löhneysen S. 349.

106

19 Schopenhauer, *Parerga und Paralipomena* II, Zur Lehre vom Leiden der Welt, Werke V, Löhneysen S. 349.

20 Schopenhauer, *Die Welt als Wille und Vorstellung* II, 2. Buch, Kap. 19, Vom Primat des Willens im Selbstbewußtsein, Löhneysen Werke II, S. 274.

21 Schopenhauer, *Die Welt als Wille und Vorstellung* II, 2. Buch, Kap. 19, Vom Primat des Willens im Selbstbewußtsein, Löhneysen Werke II, S. 282.

22 Schopenhauer-Zitat (III, 101) bei Gerd Haffmans, *Das* Schopenhauer *Nachschlag-Werk*: Ein Abc für die Jetztzeit, nebst einem Anhang, der die Kritik der korrupten Vernunft enthält, Zürich: Haffmans, 1989, S. 68.

23 Schopenhauer, *Die Welt als Wille und Vorstellung* II, 2. Buch, Kap. 19, Vom Primat des Willens im Selbstbewußtsein, Löhneysen Werke II, S. 274 u. 280.

24 Schopenhauer, *Die Welt als Wille und Vorstellung* II, 2. Buch, Kap. 19, Vom Primat des Willens im Selbstbewußtsein, Löhneysen Werke II, S. 281.

25 Schopenhauer, „Den Intellekt überhaupt und in jeder Beziehung betreffende Gedanken", Kap. 3, *Parerga und Paralipomena* II, Werke V, Löhneysen S. 81.

26 *Handschriftlicher Nachlaß* Bd. III, hrsg. v. A. Hübscher, München: DTV 1985, S. 334.

27 Schopenhauer, *Parerga und Paralipomena* II, Den Intellekt betreffende Gedanken, Löhneysen Werke V, S. 81.

28 Schopenhauer, *Parerga und Paralipomena* II, Psychologische Bemerkungen, § 313, Löhneysen Werke V, S. 688.

29 *Handschriftlicher Nachlaß* Bd. III, hrsg. v. A. Hübscher, München: DTV 1985, S. 255.

30 Schopenhauer, *Parerga und Paralipomena* II, Psychologische Bemerkungen, § 314, Löhneysen Werke V, S. 688.

31 Schopenhauer, *Die Welt als Wille und Vorstellung* II, 2. Buch, Kap. 19, Vom Primat des Willens im Selbstbewußtsein, Löhneysen Werke II, S. 285.

32 Gabriel Marcel, *Homo viator. Philosophie der Hoffnung.* Düsseldorf: Bastion, 1949, S. 63.

33 Bloch, a.a.O., S. 3.

34 Dante Alighieri, *Die Göttliche Komödie*, München: DTV, 6. Aufl. 1992. Hölle, III. Gesang, S. 16.

35 Dante Alighieri, *Die Göttliche Komödie*, Hölle, V. Gesang, S. 26.

36 By Wikinaut (Own work) [CC BY-SA 3.0 (https://creativecommons.org/licenses/by-sa/3.0) or GFDL (http://www.gnu.org/-copyleft/fdl.html)], via Wikimedia Commons.

37 *Handbuch philosophischer Grundbegriffe*, hrsg. v. Hermann Krings et al., München: Kösel, 1973, S. 693.

38 Heinrich Middendorf, *Phänomenologie der Hoffnung*, Amsterdam: Rodopi, Würzburg: K&N, 1985, (Elementa ; 40), S. 6, 13.

39 Spinoza, *E*3P9S; fast gleichlautend auch bei Schopenhauer, *W* I, 403 (Lö).

40 Ludwig Marcuse, *Philosophie des Glücks*, 1972, S. 167.

41 Spinoza, *E*5P15.

42 Friedrich Nietzsche, *Jenseits von Gut und Böse: Vorspiel einer Philosophie der Zukunft*, 7. Hauptstück: „Unsere Tugenden", 217, München: Goldmann, (Goldmann Klassiker ; 7530), S. 109.

43 Spinoza, *E*5P18S.

44 Ludwig Marcuse, *Unverlorene Illusionen. Pessimismus - ein Stadium der Reife*, München: Szczesny, 1966, S. 157.

45 Rudolf Malter, „`Eine wahrhaft ruchlose Denkungsart': Schopenhauers Kritik der Leibnizschen Theodizee", *Studia Leibnitiana* XVIII/2 (1986), S. 180.

46 Arthur Schopenhauer, „Aphorismen zur Lebensweisheit", P I, *Werke* IV, Löhneysen S. 487.

47 Arthur Schopenhauer, Kap. 12, „Nachträge zur Lehre vom Leiden der Welt", P II, *Werke* V, Löhneysen S. 348; 349; 351.

48 Ebd., S. 344.

49 Ebd., S. 343.

50 By Classical Numismatic Group, Inc. http://www.cngcoins.com, CC BY-SA 2.5, https://commons.wikimedia.org/w/index. php?curid=10602939.

51 https://de.wikipedia.org/wiki/Spes.

52 https://de.wikipedia.org/wiki/Spes#/-media/File: Rom_BW_1.JPG, https:// de. -wikipedia.org/wiki/Spes.

53 Jürgen Moltmann, *Theologie der Hoffnung: Untersuchungen zur Begründung und zu den Konsequenzen einer christlichen Eschatologie*, München: Kaiser, 1968, S. 16. (Beiträge zur evangelischen Theologie, Theologische Abhandlungen; 38).

54 Ferdinand Kerstiens, *Die Hoffnungsstruktur des Glaubens*, Mainz: Grünewald, 1969, S. 208.

55 Moltmann, a.a.O., S. 28.

56 Papst Johannes Paul II, *Die Schwelle der Hoffnung überschreiten*, hrsg. v. Vittorio Messori, 2. Aufl. Hamburg: Hoffmann u. Campe, 1994, S. 48.

57 Papst Johannes Paul II, *Die Schwelle der Hoffnung überschreiten*, S. 53.

58 Immanuel Kant, *Die Religion innerhalb der Grenzen der bloßen Vernunft*, hrsg. v. Rudolf Malter, Erstes Stück, Allgemeine Anmerkung, Stuttgart: Reclam, 1981, S. 64.

59 Immanuel Kant, *Die Religion innerhalb der Grenzen der bloßen Vernunft*, S. 65.

60 Immanuel Kant, *Kritik der praktischen Vernunft*, hrsg. v. Joachim Kopper, Stuttgart: Reclam, 1992, S. 196-7 Fußnote.

61 Immanuel Kant, *Kritik der praktischen Vernunft*, S. 210.

62 Immanuel Kant, *Kritik der praktischen Vernunft*, S. 206.

63 Immanuel Kant, *Kritik der praktischen Vernunft*, S. 196.

64 William James, „The Will to Believe", in: *The Will to Believe and other essays in popular philosophy*. Human Immortality, both books bound as one, New York: Dover Publ., 1956, p. 27.

65 Friedrich Nietzsche, *Kritische Gesamt-Ausgabe*, hrsg. von Giorgio Colli und Mazzino Montinari, Berlin/New York 1967 ff., 3,1, Aph. 20, S. 127.

66 *Was ist Aufklärung?* Hrsg. v. Ehrhard Bahr, Stuttgart: Reclam, 1981, S. 8-9.

67 *Handschriftlicher Nachlaß* Bd. III, hrsg. v. Arthur Hübscher, München: DTV 1985, S. 43.

68 Schopenhauer, *Die Welt als Wille und Vorstellung* II, 4. Buch, Kap. 46, Von der Nichtigkeit und dem Leiden der Welt, Löhneysen Werke II, S. 733.

[69] Schopenhauer, *Parerga und Paralipomena* II, Zur Lehre vom Leiden der Welt, Löhneysen Werke V, S. 354-5.

[70] Schopenhauer, *Die Welt als Wille und Vorstellung* II, 4. Buch, Kap. 46, Löhneysen Werke II, S. 747f.

[71] Arthur Hübscher, *Denker gegen den Strom, Schopenhauer: gestern – heute – morgen*, Bonn: Bouvier, 1973, S. 176.

[72] Schopenhauer, *Der handschriftliche Nachlaß*, Bd. 3: Berliner Manuskripte (1818-1830), hrsg. v. A. Hübscher, München: DTV, 1985, Reisebuch (1822?), Nr. 142, S. 58.

[73] Schopenhauer, *Die Welt als Wille und Vorstellung* II, 2. Buch, Kap. 19, Vom Primat des Willens im Selbstbewußtsein, Löhneysen Werke II, S. 280.

[74] Schopenhauer, *Der handschriftliche Nachlaß*, Bd. 3: Berliner Manuskripte (1818-1830), hrsg. v. A. Hübscher, München: DTV, 1985, Adversaria (1830), Nr. 215, S. 598.

[75] Terry Eagleton, *Ideology: An Introduction*, London/ New York: Verso, 1991, pp. 38; 40.

[76] Schopenhauer, *Die Welt als Wille und Vorstellung* I, Werke I, Löhneysen S. 142.

[77] Schopenhauer, *Parerga und Paralipomena* II, Psychologische Bemerkungen, § 313, Löhneysen Werke V, S. 688.

[78] Schopenhauer, *W* I(2), Diogenes S. 485.

Lightning Source UK Ltd.
Milton Keynes UK
UKHW040616030919
349075UK00001B/5/P